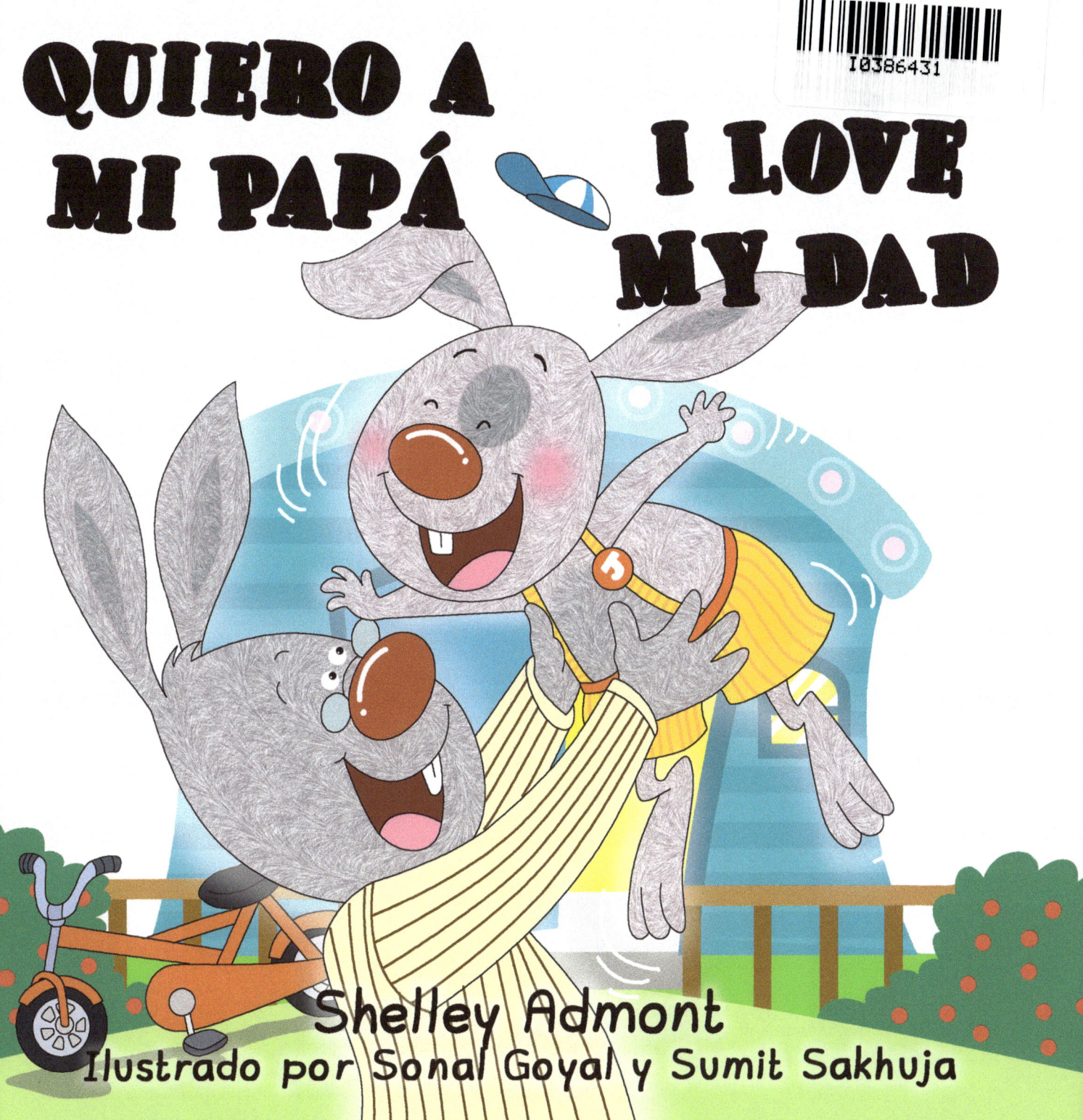

www.sachildrensbooks.com
Copyright©2015 by Inna Nusinsky Shmuilov
innans@gmail.com

All rights reserved. No part of this book may be reproduced in any form or by any electronic or mechanical means, including information storage and retrieval systems, without written permission from the publisher or author, except in the case of a reviewer, who may quote brief passages embodied in critical articles or in a review.

Todos los derechos reservados. Ninguna parte de este libro se puede utilizar o reproducir de cualquier forma sin el permiso escrito y firmado de la autora, excepto en el caso de citas breves incluidas en reseñas o artículos críticos.

First edition, 2016
Traducción al inglés de Laura Bastons Compta
Translated from English by Laura Bastons Compta

I Love My Dad (Spanish English Bilingual Edition)/ Shelley Admont
ISBN: 978-1-77268-354-7 paperback
ISBN: 978-1-77268-578-7 hardcover
ISBN: 978-1-77268-353-0 eBook

Although the author and the publisher have made every effort to ensure the accuracy and completeness of information contained in this book, we assume no responsibility for errors, inaccuracies, omission, inconsistency, or consequences from such information
Please note that the Spanish and English versions of the story have been written to be as close as possible. However, in some cases they differ in order to accommodate nuances and fluidity of each language.

Para aquellos a los que más quiero – S.A.
For those I love the most – S.A.

Un día de verano Jimmy, el pequeño conejito, y sus dos hermanos mayores estaban montando sus bicis. Su padre estaba sentado en el patio trasero leyendo un libro.

One summer day, Jimmy the little bunny and his two older brothers were riding their bicycles. Their dad sat in the backyard, reading a book.

Los dos hermanos mayores reían ruidosamente mientas jugaban a ver quién pedaleaba más rápido.

The two older bunnies laughed loudly as they raced.

—¡Eh, esperadme! ¡Yo también quiero correr! —gritó Jimmy. Pero sus hermanos ya estaban muy lejos y su bici era demasiado pequeña para alcanzarles.

"Hey, wait for me! I want to race too!" Jimmy shouted. But his brothers were too far away and his bike was too small.

Pronto, sus hermanos volvieron, hablando y riendo animadamente.
—¡No es justo! —gritó Jimmy—. Yo también quiero montar en vuestras bicis de mayores.

Soon his brothers returned, giggling to each other. "It's not fair," screamed Jimmy. "I want to ride your big bikes too."

—Pero Jimmy, tú eres demasiado pequeño —dijo su hermano mayor.

"But Jimmy, you're too small," said his oldest brother.

—Y ni siquiera sabes cómo montar en una bici de dos ruedas —dijo el hermano medio.

"And you don't even know how to ride a two-wheeler," said the middle brother.

Jimmy corrió hacia sus hermanos y cogió una de las bicis.
—¡Mirad! —dijo.

Jimmy ran to his brothers and grabbed one of the bicycles. "Just watch!" he said.

—¡Ten cuidado! —chilló su hermano mayor, pero Jimmy no escuchó.

"Be careful!" yelled his oldest brother, but Jimmy didn't listen.

Pasando una pierna por encima del sillín, intentó montar en la bici grande. En aquel momento, Jimmy perdió el equilibrio y se estrelló contra el suelo, acabando directamente en un charco de barro.

Throwing one leg over, he tried to climb the large bike. At that moment, he lost his balance and crashed on the ground, directly into a mud puddle.

Sus hermanos mayores rompieron a reír.

His two older brothers burst out laughing.

Jimmy se puso en pie y se limpió las manos llenas de barro en sus pantalones sucios.

Jimmy jumped on his feet and wiped his muddy hands on his dirty pants.

Esto hizo que sus hermanos se rieran aún más.

This just caused his brothers to laugh more.

—Perdón, Jimmy —dijo su hermano mientras se reía—. Es que es demasiado divertido.

"Sorry, Jimmy," said the oldest brother in between laughter. "It's just too funny."

Jimmy no podía aguantar más. Dio una patada a la bici y corrió hacia casa con las lágrimas corriendo por su rostro.

Jimmy couldn't stand it anymore. He kicked the bike and ran home with tears streaming down his face.

Papá miraba a sus hijos desde el patio trasero. Cerró el libro y fue hacia Jimmy.

Dad watched his sons from the backyard. He closed his book and went towards Jimmy.

— Cariño, ¿qué ha pasado? —preguntó.
"Honey, what happened?" he asked.

—Nada —refunfuñó Jimmy.
"Nothing," grumbled Jimmy.

Papá sonrió.
—Sé que esto puede hacerte reír... —le susurró a Jimmy.

Dad smiled. "I know what can make you laugh..." he whispered to Jimmy.

—Nada puede hacerme reír ahora —dijo Jimmy cruzando los brazos.

"Nothing can make me laugh now," said Jimmy, crossing his arms.

—¿Estás seguro? —le preguntó papá mientras comenzaba a hacerle cosquillas hasta que sonrió.

"Are you sure?" said Dad and began to tickle Jimmy until he smiled.

Le hizo tantas cosquillas que Jimmy empezó a reírse nerviosamente.

Then he tickled him so much that Jimmy started giggling.

Ambos terminaron rodaron por la hierba, haciéndose cosquillas el uno al otro hasta que los dos rieron ruidosamente.

They rolled on the grass, tickling each other until they both laughed loudly.

Todavía con el hipo producido por su risa histérica, Jimmy saltó al regazo de su papá y le abrazó con fuerza.

Still hiccupping from his hysterical laughter, Jimmy jumped on Dad's lap and hugged him tight.

—Te vi montando en tu bicicleta —dijo su papá, devolviendo el abrazo.

"I was watching you ride your bike," said Dad, hugging him back.

—Y pienso que estás listo para montar una bicicleta de dos ruedas.

"And I think you're ready to ride a two-wheeler."

Jimmy abrió los ojos con entusiasmo y se puso de pie.
—¿De verdad? ¿Podemos empezar ahora? ¡Por favor, por favor, papá!

Jimmy's eyes sparkled with excitement. He jumped on his feet. "Really? Can we start now? Please, please, Daddy!"

—Ahora tienes que ir a lavarte —dijo su papá sonriendo—. Podemos empezar a practicar mañana por la mañana.

"Now you need to take a bath," said Dad smiling. "We can start practicing first thing tomorrow morning."

Tras un largo y relajante baño y una cena familiar, Jimmy se fue a la cama. Esa noche apenas pudo dormir.

After a long relaxing bath and a family dinner, Jimmy went to bed. That night he could barely sleep.

Se despertó una y otra vez para mirar si ya había amanecido.

He woke up again and again to check if it was morning.

Tan pronto como salió el sol, Jimmy corrió hacia la habitación de sus padres.

As soon as the sun rose, Jimmy ran to his parents' bedroom.

Jimmy se acercó a la cama de puntillas y le dio una pequeña sacudida a su padre.

Jimmy tiptoed towards their bed and gave his father a little shake.

Papá tan solo se giró hacia el otro lado y continuó roncando pacíficamente.

Dad just turned to the other side and continued snoring peacefully.

—Papá, tenemos que irnos —murmuró Jimmy mientras le retiraba las mantas a su padre.

"Daddy, we need to go," Jimmy murmured and pulled off his covers.

Papá se incorporó y abrió los ojos un poco. —¿Ah? ¿Qué? ¡Estoy listo!

Dad jumped and his eyes flew open. "Ah? What? I'm ready!"

Mientras el resto de la familia aún dormía, Jimmy y su papá se lavaron los dientes y salieron de la casa.

While the rest of the family was still sleeping, they brushed their teeth and went out.

Al abrir la puerta, Jimmy vio su bicicleta naranja, brillando bajo la luz del sol. Estaba sin las ruedas laterales.

As he opened the door Jimmy saw his orange bike, sparkling in the sun. The training wheels were off.

—¡Gracias, papá! —gritó y corrió hacia su bici.

"Thank you, Daddy!" he shouted as he ran to his bike.

—¡Vamos a pasar un buen rato! —dijo papá poniéndole un casco a Jimmy.

"Let's have some fun!" Dad said, putting a helmet *on Jimmy's head.*

Jimmy respiró profundamente, pero no se movió.

Jimmy took a deep breath, but didn't move.

—Mmmm...—balbuceó Jimmy con voz agitada—. Estoy...estoy asustado. ¿Y si me caigo otra vez?

"Umm..." mumbled Jimmy, his voice shaking. "I'm...I'm scared. What if I fall again?"

—No te preocupes —le tranquilizó su papá—. Estaré cerca de ti para cogerte si te caes.

"Don't worry," reassured his dad. "I'll stay close to catch you if you fall."

Jimmy saltó sobre la bici y, poco a poco, empezó a pedalear.

Jimmy hopped on his bike and began pedaling slowly.

Cuando la bici se inclinaba hacia la derecha, Jimmy se ladeaba hacia la izquierda.

When the bike tipped to the right, Jimmy leaned to the left.

El pequeño conejito, se cayó algunas veces pero no se rindió, siguió intentándolo una y otra vez.

Sometimes the little bunny fell down, but he didn't give up – he tried over and over again.

Día tras día, Jimmy y su papá practicaron juntos.

Day after day Jimmy and his dad practiced together.

Papá sujetaba a Jimmy cuando éste perdía un poco el equilibrio y, finalmente, el pequeño conejito aprendió a pedalear más rápido.

Dad held on while Jimmy wobbled, and eventually the little bunny learned to pedal fast.

Después, un día papá dejó de sujetarle y Jimmy pudo montar por sí solo, ¡sin caerse ni una sola vez!

Then one day Dad let go and Jimmy could ride all by himself without falling even once!

Papá sonrió.
—*Ahora que ya sabes cómo montar en bici, no te vas a olvidar nunca.*

Dad smiled. "Now that you know how to ride, you'll never forget it."

—¡Y también podré hacer carreras! —exclamó Jimmy.

"And I can race too!" exclaimed Jimmy.

Ese día Jimmy hizo carreras de bici con sus hermanos.

That day Jimmy raced with brothers.

¿ADIVINAD QUIÉN GANÓ LA CARRERA?

GUESS WHO WON THE RACE?

www.ingramcontent.com/pod-product-compliance
Lightning Source LLC
Chambersburg PA
CBHW051304110526
44589CB00025B/2933